DE L'ÉTAT ET DE L'AVENIR

DU CHANT ECCLÉSIASTIQUE

EN FRANCE.

DE L'ÉTAT

ET DE L'AVENIR

DU CHANT ECCLÉSIASTIQUE

EN FRANCE;

PAR F. DANJOU,

ORGANISTE DE LA MÉTROPOLE DE PARIS ET DE LA PAROISSE SAINT-EUSTACHE,
MEMBRE DE L'ACADÉMIE DE SAINTE-CÉCILE, A ROME, ETC.

PARIS,
CHEZ PARENT DESBARRES,
Éditeur de l'*Encycl. Catholique*,
Rue Cassette.

BORDEAUX,
Chez RAVER, Éditeur de Musique,
Allées de Tourny,
N. 15.

1843

IMPRIMERIE DE TH. LAFARGUE, LIBRAIRE,
Rue Puits de Bagne-Cap, 8, à Bordeaux.

A MESSIEURS

Ecoiffier, *Chanoine de Saint-Claude;*

Chambon, *Curé de Souvigny;*

Didron, *Secrétaire du Comité des Monuments Historiques;*

HOMMAGE

DE RESPECTUEUSE AFFECTION

ET D'INALTÉRABLE RECONNAISSANCE.

DE L'ÉTAT

ET DE L'AVENIR

DU CHANT ECCLÉSIASTIQUE

EN FRANCE.

Au milieu des questions d'industrie, de négoce et d'intérêts matériels qui agitent la société actuelle et semblent absorber toutes les intelligences, une haute pensée s'est fait jour et a pris place dans les préoccupations des plus nobles esprits. C'est une pensée d'admiration pour les œuvres de la foi catholique et par suite, une tendance prononcée vers l'étude de ces œuvres, un zèle ardent pour leur conservation.

Depuis trois siècles, depuis la renaissance des Lettres et des Arts payens, on était convenu d'appeler *Barbares*, les temps où avaient brillé les Thomas d'Aquin, les Bernard, les Gerson, et tant d'autres lumières du monde chrétien; les temps où l'on avait vu élever des monuments comme les cathédrales de Paris, de Bourges, de Rheims; les temps enfin, où l'on avait créé les belles mélodies qui composent le corps du chant ecclésiastique.

Tous les produits des arts, au Moyen-Age, étaient, au siècle dernier, enveloppés dans une proscription universelle, et je ne sache pas qu'une seule voix ait protesté, à cette époque, contre la mutilation du plain-chant ou contre la dégradation des édifices religieux. Ces dégradations étaient faites alors d'une manière officielle en quelque sorte; le pouvoir séculier et le pouvoir ecclésiastique s'étaient mis d'accord pour cette entreprise, et ils y procédaient savamment et avec art; le talent des meilleurs architectes était employé à dénaturer la forme et le style de nos monuments sacrés. Plus tard, le peuple en furie, suivant l'exemple donné par les architectes, porta ses mains sacrilèges sur les temples du vrai Dieu, non pour les réparer, les modifier, les gâter, mais pour briser et démolir ce qu'on l'avait habitué à considérer comme l'ouvrage du mauvais goût et de l'ignorance.

Puis, tout-à-coup, par une décision imprévue de la Providence, après un aveuglement de deux cents ans, la clarté du jour a lui pour tous; les goûts et les jugements se sont réformés, sans qu'on sache trop comment ce changement s'est opéré.— Ce qui est certain, c'est qu'on admire aujourd'hui ce qu'on méprisait hier, on brûle ce qu'on avait adoré, on pousse l'amour de l'art gothique jusqu'à chagriner de pauvres curés pour la moindre écornure qu'ils ont faite aux murs de leur modeste église.

Un enthousiasme nouveau s'est emparé de toutes les classes de la société, et on voit des hommes séparés d'opinion et de religion, se réunir néanmoins pour seconder ce retour à l'étude et à l'admiration des œuvres de la foi catholique.

A la voix d'un roi luthérien, l'Allemagne toute entière s'émeut, et chaque citoyen de ces divers états divisés d'intérêt et de croyance, vient apporter une pierre pour l'achèvement de la basilique de Charlemagne, de la cathédrale de Cologne.

En France, nous avons assisté à un spectacle aussi étonnant. Un homme d'État, protestant fidèle, a, le premier, demandé et obtenu les encouragements du Gouvernement pour l'étude des vieux monuments, la recherche des anciennes traditions, la réunion des débris du passé; et, dans notre patrie, monuments, traditions, passé, tout est catholique.

Je ne prétends pas qu'il faille se réjouir de cet état de choses comme d'un retour complet à la foi de nos pères ; je n'ignore pas que de l'enthousiasme pour l'art chrétien à la foi pratique, il ne puisse y avoir une distance difficile à franchir. Mais, si on considère qu'avant de saper la Religion dans ses dogmes, on a commencé dans les siècles derniers par mépriser, mutiler, dénaturer ses temples, il sera permis d'espérer que, prenant aujourd'hui une marche diamétralement opposée, on arrivera de même à un résultat différent. Le marteau et la hâche qui ont naguère démoli nos églises, servent maintenant à les réédifier ; c'est assurément pour tout esprit chrétien une amélioration notable, un fait d'une grande portée, et cela suffit pour qu'on doive s'associer de toutes ses forces et par tous les moyens, à cette tendance de notre époque vers la restauration des œuvres de la foi.

Ces œuvres n'appartiennent pas seulement aux arts du dessin, elles n'ont pas pour unique objet les monuments hardis et grandioses où se rassemblent les fidèles, les tableaux, les sculptures, les bas-reliefs qui parlent aux yeux, entretiennent la foi et excitent la piété par les souvenirs. La Religion emploie encore un autre moyen non moins puissant pour frapper les sens, disposer l'ame au recueillement, au calme, l'élever vers Dieu; ce moyen, c'est l'harmonie, c'est le chant, c'est la musique sacrée. Les voûtes de nos cathédrales ne sont si élevées et si sonores que pour mieux faire résonner les voix innombrables des fidèles. La cathédrale sans chant, c'est un corps inanimé; le culte sans chant, ce n'est pas le culte des anges dont les chœurs harmonieux retentiront dans le ciel pendant toute l'éternité.

L'exemple des Saints, des plus illustres Pontifes et Docteurs; l'exemple de l'Église toute entière jusqu'à l'invasion du Jansénisme, témoigne de l'importance du chant dans le culte catholique; et, il n'est pas sans intérêt de faire remarquer, que le dernier Évêque qui ait pris un soin attentif de cette partie de la liturgie, c'est Bossuet, qui entretenait, à Meaux, une chapelle bien organisée, dirigée par un savant maître, Sébastien de Brossard, lequel put offrir à Louis XIV la plus riche collection de musique sacrée qui ait existé en France.

De saint Ambroise à Bossuet, tous les grands noms de l'Église ont porté une attention soutenue, montré un intérêt vif pour le chant ecclésiastique; c'est seulement depuis la fin du 16.me siècle, que sa décadence a commencé pour arriver de nos jours à un état voisin de la barbarie et de l'ignorance absolue.

En même temps qu'un zèle aveugle pour les formes et les règles de l'art payen faisait badigeonner nos églises, arrondissait en plein ceintre leurs ogives sveltes et élancées, brisait les diamants, les rubis, les émeraudes de leurs vitraux ; en même temps que ce vandalisme, encouragé par les ennemis secrets du Catholicisme, détruisait tout ce qu'il pouvait atteindre, l'antique chant de l'Église subissait une réforme non moins déplorable, non moins irréligieuse.

Deux illustres et savants Archevêques ont pris récemment la défense des nouveaux Bréviaires dont on paraissait attaquer jusqu'à l'orthodoxie. Mais ce que personne n'osera défendre, c'est le chant qu'on a composé pour ces mêmes Bréviaires et qui atteste en général de la part de ses auteurs, une ignorance complète des règles du plain-chant et de la tonalité antique.

Le corps du chant ecclésiastique, romain, grégorien ou gallican, était un ouvrage qu'on avait mis quinze cents ans à composer. C'était, sous le rapport religieux, un monument bien respectable ; car des Saints, des Pontifes, des Docteurs, en étaient les auteurs. Néanmoins, il s'est trouvé des hommes assez présomptueux pour entreprendre de refaire, en deux ou trois ans, cette œuvre de quinze siècles. Ces hommes ont introduit dans nos églises, des mélodies mondaines, surannées, portant le cachet du temps où elles avaient été inventées ; dans le rit Viennois, par exemple, plusieurs chants d'hymnes et de proses, sont de plates parodies des airs à la mode sous la régence. — Ailleurs, à Paris, à Rouen, le chant est lourd, pesant, surchargé de notes, et par conséquent impopulaire. — Dans d'autres diocèses, enfin, au Mans, à Nantes, à Clermont, à Poitiers, à Besançon, à Rheims, à Metz, le chant ne supporte pas la critique, et à chaque page, on trouve des infractions aux règles les plus certaines de l'ancienne tonalité.

Si donc, on doit défendre l'orthodoxie des nouveaux Bréviaires, il faut cependant reconnaître qu'ils ont amené le changement du chant, changement dont le Clergé ne s'est pas encore trop alarmé, dont il ne tardera pas à ressentir les funestes conséquences. Ces conséquences ne consistent pas seulement dans le mauvais goût, les mélodies baroques des pièces de chant qu'on a substituées au chant grégorien, mais encore dans l'indifférence du Clergé et des fidèles, qui a remplacé le zèle et l'enthousiasme qu'on avait autrefois pour le chant religieux. Aussi, excepté quelques métropoles, quelques riches paroisses, il est presque impossible de trouver en France, une église où l'on chante avec dignité et convenance l'office divin.

On a été obligé de remettre à des hommes gagés

le soin de chanter les louanges de Dieu ; chaque jour, ces hommes et leurs voix deviennent plus rares et par conséquent plus chers. Il y a des églises à Paris, où un chantre est bien mieux payé qu'un Prêtre. Bientôt, on n'en trouvera plus à aucun prix, et l'office chanté disparaîtra de la plupart de nos églises.

Beaucoup de membres du Clergé savent combien ce danger est prochain ; tous les bons esprits s'en affligent ; la presse s'est livrée déjà à des discussions étendues sur la musique sacrée et son caractère spécial ; les uns ont attaqué, les autres ont défendu le plain-chant et le faux-bourdon, mais personne n'a traité ces questions d'une manière toute pratique : c'est ce que je vais essayer de faire en répondant avec détail aux deux questions suivantes :

1.° *Quels sont les obstacles qui s'opposent à la restauration du chant ecclésiastique ?*

2.° *Quels sont les moyens d'améliorer ce chant, eu égard aux ressources actuelles des Paroisses ?*

Ce que je dirai sur ce sujet est le résultat de quinze années de travaux et de réflexions ; les idées que j'exprimerai ont été mises en pratique dans des églises importantes, sous les yeux et avec le concours de Prélats éminents. J'ose donc espérer que ces considérations seront accueillies avec intérêt et qu'elles pourront avoir une utilité réelle.

Quels sont les obstacles qui s'opposent à la restauration du chant ecclésiastique ?

Je crois n'avoir à signaler que deux obstacles sérieux qui arrêtent et paralysent tous les efforts qu'on peut tenter pour opérer la réforme du chant religieux.

Le premier, c'est la diversité des chants et des liturgies en usage dans les différents diocèses.

Le second, c'est l'indifférence du Clergé, des Fabriques, pour une telle réforme.

Il ne m'appartient pas de m'élever contre le manque d'unité dans les liturgies des diverses églises ; la haute sagesse des premiers pasteurs connait les inconvénients et les avantages, s'il y en a, de ces liturgies modernes. Déjà, un Évêque a donné l'exemple du retour au rit romain, d'autres, songent à adopter la même mesure; je puis dire avec conviction, que le jour où il y aura pour toute la France une liturgie uniforme, la ruine du chant ecclésiastique sera impossible, et sa restauration prochaine. Mais, il ne suffit pas de décréter le retour au chant romain ou d'en conserver soigneusement l'usage dans les diocèses où il existe; il faudrait encore en donner une édition correcte et uniforme, rechercher la tradition perdue de sa bonne exécution, en imposer l'étude approfondie dans les séminaires au lieu des cours superficiels qu'on y fait maintenant. On suit encore la liturgie romaine en France, dans les diocèses de Cambrai, Bordeaux, Avignon, Marseille, Aix, Montpellier, Angoulême, Langres; mais le chant de Bordeaux, celui de Cambrai ou d'Avignon, ne diffèrent pas moins entre eux sous beaucoup de rapports. Des fautes nombreuses se sont glissées dans les éditions; des chants étrangers même à la tonalité ancienne sont devenus en usage et ont pris place dans les livres et dans les offices (1); des traditions vicieuses, des altérations

(1) Je citerai par exemple les messes connues sous le nom de *Bordelaise*, *Trompette*, *Agenaise*, etc., qu'on trouve dans les graduels de plusieurs diocèses du Midi. Ces compositions sont d'un goût exécrable.

grossières ont successivement dénaturé l'œuvre de saint Grégoire. Un savant auquel la musique doit beaucoup, M. Fétis, prépare pour la Belgique une édition correcte de l'antiphonaire et du graduel romain ; plus tard, quand on voudra expulser ces chants modernes et baroques, on pourra profiter avec fruit du travail que publiera bientôt M. Fétis et qui est à présent soumis à l'examen de la Congrégation des Rits, à Rome. Jusque-là, jusqu'au moment où nos premiers Pasteurs jugeront opportun de revenir à la liturgie romaine, il faut accepter les chants de chaque diocèse pour ce qu'ils valent, et essayer au moins de les exécuter d'une manière solennelle, conforme au caractère du plain-chant, à l'esprit et à l'intention de l'Église. Cela n'est pas impossible, et je le prouverai dans quelques instants.

Toutefois, il serait temps de s'arrêter dans la voie des changements, des altérations de la liturgie, voie où l'on est engagé si malheureusement depuis deux siècles. Chaque jour encore, on donne des éditions nouvelles des Graduels et Antiphonaires, composés par Le Bœuf, La Feillée, Poisson, et autres auteurs des offices récents. Ces éditions sont abandonnées aux soins d'ecclésiastiques qui ajoutent de nouveaux chants, et corrigent les anciens ; on entasse ainsi erreur sur erreur, on ajoute au désordre un désordre plus grand encore, on ne respecte pas même les chants populaires, consacrés par la tradition ; par exemple, la notation des hymnes *Pange lingua*, *Veni Creator*, *Verbum*, *Sacris*, des antiennes à la sainte Vierge, *Salve*, *Ave*, *Regina*, etc., varie dans chaque diocèse, bien que les textes y soient les mêmes. Toutes ces variantes sont imaginées par ceux auxquels on confie la mission de faire réimprimer les livres notés. Les Évêques auraient un moyen bien facile de remédier à cet état de choses dont les fâcheux effets ne peuvent être mis en doute par personne. Ce moyen, ce serait de prescrire, pour les éditions nouvelles, de se conformer scrupuleusement au chant grégorien dans les parties du Bréviaire et du Missel dont les paroles sont semblables à celles de l'office romain. L'adoption d'une telle mesure réaliserait une amélioration immense, sans changer un iota à la liturgie de chaque diocèse. Ainsi, les *Kyrie*, *Gloria*, *Credo*, *Sanctus*, *Agnus*, le psautier tout entier, un certain nombre d'hymnes, d'antiennes, de répons, sont encore dans les liturgies nouvelles, formés des mêmes textes que dans l'office romain. Or, rien n'empêcherait d'appliquer à ces textes le chant grégorien, en choisissant pour établir cette conformité, une édition reconnue correcte. Ce serait un grand pas vers l'unité, que l'accomplissement de ce projet, et je me plais à espérer qu'il sera goûté et mis en pratique avant peu de temps.

Le second obstacle, c'est l'indifférence du Clergé, des Conseils de Fabriques, qui s'écrient : *Pourquoi nous parle-t-on de réformes, d'innovations ; nous avons des chantres passables, nous nous en contentons depuis vingt ans, nous ne voulons pas à nos offices les distractions que donne la musique, etc...*

Chacun reconnaîtra ses propres paroles dans ces citations ; et il y a en France, une église importante où se réunit et se forme l'élite du Clergé, et qui depuis dix ans oppose des raisons semblables à toute tentative d'amélicration du chant.

Il est donc nécessaire de prouver que le chant de nos offices est dans un état déplorable, que l'Église, à toutes les époques, en avait compris autrement la magnificence, qu'on peut sans nuire à la piété, sans détruire le recueillement, chanter avec plus de pompe et de majesté.

Pour démontrer, jusqu'à l'évidence, combien le chant ecclésiastique a perdu de son ancienne splendeur, assistons à un office et suivons avec attention l'exécution de ses différentes parties.

L'église est remplie de fidèles ; ils sont sans doute réunis pour s'unir à la voix des prêtres et présenter le tableau que trace saint Jean-Chrysostôme : « Hommes et femmes, jeunes et vieux, hommes li- » bres ou esclaves, nous chantons tous ensemble et » comme avec une seule voix, *mulieres et viri, juve-* » *nes et senes, servi et liberi melos omnes unum emisi-* » *mus*. Voilà comme on entendait le chant des offices, du temps de saint Jean-Chrysostôme ; depuis lors, les choses ont changé. Il y a quatre chantres et un serpent (je parle des églises les mieux pourvues), qui, réunis autour d'un lutrin, crient de leur mieux l'*Introït*. On voit cependant dans cette vaste église un nombreux Clergé, un séminaire, de jeunes lévites, espoir de la religion ; ils vont sans doute unir leurs accents à ceux des chantres, couvrir les voix grossières de ceux-ci par des voix fraiches et jeunes. Il n'en est pas ainsi : le Clergé récite son bréviaire, les jeunes lévites lisent quelques pieuses réflexions ; parmi les assistants, les uns disent dévotement quelques dizaines de chapelet, ou relisent dix fois les prières pendant la messe, les autres sont inattentifs, et dans ce tableau, la liturgie de saint Grégoire, de saint Thomas d'Aquin, disparait complètement.

Après l'*Introït* vient le *Kyrie ;* c'est là un chant populaire, qu'on entend périodiquement ; les fidèles, les clercs le savent et vont sans doute répondre à l'intonation de l'orgue. En effet, ils essaient de le faire ; mais comment se mettre à l'unisson de ces voix caverneuses et sépulchrales quand on a une voix claire, élevée, naturelle ; on essaie de s'accorder tantôt en haut, tantôt en bas, à l'octave au-dessus, à l'octave inférieure, la voix se brise dans des efforts désespérés, et, plus tard, on cesse de chanter en se persuadant qu'on a la voix fausse.

Des voix fausses, — il n'y en a pas, ou si l'on veut, il y en a une sur mille ; et cependant j'ai souvent trouvé, je pourrais dire qu'il y a dans chaque paroisse des ecclésiastiques qui sont convaincus que la nature leur a refusé le don de la justesse de la voix. J'ai enseigné dans des Cours à des gens de tout âge qui se présentaient à moi en me disant qu'ils avaient une voix fausse ; et, si je les exerçais pendant huit jours, dans leur diapason, je faisais reparaître un organe vocal d'une grande pureté, d'une justesse parfaite. C'est qu'il en est de la voix comme des autres organes qui ont besoin d'un exercice soutenu et bien dirigé pour remplir aisément leurs fonctions. Qu'on chante dans nos églises sur un diapason qui permette à la voix de la multitude de se développer sans effort, qu'on enseigne dans nos écoles les premiers éléments du chant, et dans trente ans, on ne trouvera en France de voix fausses que chez les individus atteints d'une maladie de cet organe.

On ne chante pas au *Kyrie* par les raisons que je viens de dire ; on ne chante pas davantage dans tout le cours de l'office, et les chantres restent seuls chargés de ce soin. C'est, suivant moi, une habitude très-fâcheuse, une cause d'ennui et de fatigue pour les fidèles ; si du moins, les quelques voix isolées auxquelles est confié le chant, l'exécutaient avec soin, avec ensemble, observant exactement les notes, sans altérer l'ancienne tonalité par l'emploi de dièses ou de bémols, divisant les phrases, respirant à propos, procédant sans précipitation comme sans lourdeur, suivant avec attention le rhythme qui indique des brèves, des repos, enfin chantant avec pureté, mesure, sans grimace, sans efforts, avec une prononciation parfaite, un accent religieux, une émotion contenue, une intelligence soutenue du sens des paroles. Mais, les chantres de nos églises sont bien loin de posséder cette perfection, et comment y atteindraient-ils, sans répétition, sans préparation, sans étude. Les artistes qui veulent se faire entendre sur un théâtre, sont exercés par des répétitions multipliées, tandis qu'il n'y pas deux églises en France où, régulièrement, on fasse répéter le samedi aux chantres l'office du lendemain.

Et puis, quand même on obtiendrait à force de soins et d'études une exécution moins imparfaite du chant, l'effet en serait toujours borné à quelques voix isolées. Or, le caractère spécial du plain-chant qui se rattache assurément par quelque côté à la musique des Anciens, est précisément d'être fait pour des masses vocales et d'être, par conséquent, le genre de musique le plus populaire de tous.

On a inventé depuis quelques siècles un système musical qui se base sur une tonalité toute particulière et en rapport avec la découverte de l'harmonie ou musique à plusieurs parties, dont les Anciens ne faisaient pas usage et qui ne s'accordait nullement avec leur système mélodique. Ce nouveau genre de musique a envahi l'Europe; il a été cultivé par les plus grands génies, il a produit des chefs-d'œuvres magnifiques; de Monteverde à Beethoven, l'esprit humain s'est exercé sur ces nouvelles combinaisons musicales et les a développées, agrandies, enrichies, comme nous le voyons aujourd'hui. C'est là un progrès admirable dont il faut remercier le premier auteur des arts et des connaissances humaines; mais il n'en est pas moins vrai, que, depuis plus de trente siècles, on avait eu un autre genre de musique qui avait suffi aux civilisations les plus avancées, avait excité l'enthousiasme des peuples les plus renommés dans l'histoire, et subsiste encore non-seulement dans nos églises, mais dans les chants populaires de toutes les nations, et qui a des affinités incontestables avec les systèmes musicaux des Grecs, des Orientaux, des Chinois, des Africains même. Or, sans nier en aucune façon le progrès, sans repousser du sanctuaire l'hommage des sciences et des arts humains, quelque soit leur date et leur forme, nous ne pouvons cependant nous empêcher de faire remarquer qu'un système musical qui a suffi à l'humanité pendant trente siècles, et que l'éclat, la puissance de la musique moderne n'ont pu effacer entièrement, appelle l'attention et commande l'intérêt de ceux qui en sont les derniers gardiens.

Ces derniers gardiens de l'ancien système musical, ce sont les membres de l'Église catholique qui en possèdent dans le plain-chant un reste vivant et précieux. Ce dépôt devait être transmis, d'âge en âge, dans toute sa pureté, et on devait repousser comme un sacrilège toute altération, toute modification à cet ensemble, ce corps du chant ecclésiastique, ouvrage des Saints, témoignage de leur savoir et de leur zèle pour la magnificence du culte extérieur.

Or, s'il est prouvé que ce chant ne doit pas être exécuté par quelques voix isolées, mais par la grande voix des fidèles assemblés dans le temple ; s'il est certain qu'on a laissé dénaturer ce chant, son exécution ; s'il est constant qu'il ne produit plus de nos jours l'effet immense qu'il produisait autrefois ; s'il est enfin démontré, que la gloire de Dieu, la splendeur de son culte, et par conséquent, le salut des ames sont en cause dans une pareille question, quel est le Prêtre, quel est le chrétien qui demeurera indifférent à la restauration du chant ecclésiastique ? Faudrait-il que saint Grégoire, saint Bernard, saint Augustin, le grand Gerson, revinssent parmi nous écrire des ouvrages sur le chant ecclésiastique, en recommander la pratique, en enseigner eux-mêmes les éléments, pour qu'on portât à ces questions l'intérêt qu'elles méritent ?

Voici bientôt trente ans qu'on dit et écrit sur l'état du plain-chant, des réflexions justes et de nature à fixer l'attention. Avant moi, et bien mieux que moi, un homme d'une science profonde, Choron avait essayé de rallumer le zèle du Clergé pour l'œuvre de la restauration du chant religieux. Ce grand artiste possédait une fortune considérable, il l'a dépensée toute entière à la réalisation de ses vues pour la réforme du chant religieux, et il est mort dans un état voisin de l'indigence, sans avoir fondé rien de durable, sans avoir pu faire ouvrir pour l'application de ses travaux, les portes d'une seule paroisse de la Capitale.

Depuis Choron, il semble que l'indifférence qui a accueilli ses efforts, ait fait place au moins dans quelques endroits, à un commencement d'intérêt et d'attention pour cette œuvre importante. Les églises de Paris ont généralement mieux organisé leur chœur ; les principales cathédrales ont, par les soins des premiers Pasteurs, amélioré quelque peu leur chant ; mais aucune réforme radicale n'a été tentée, aucune école n'a été fondée, aucune entreprise sérieuse n'a été commencée pour la régénération du chant ecclésiastique.

Il est temps cependant de secouer cette funeste indifférence; si l'on n'y prend garde, on va se trouver un jour dans l'impossibilité de chanter bien ou mal l'office divin, et il y a des villes importantes, des diocèses presque entiers où, déjà, l'on est réduit à dire des Messes basses. — L'antique et vénérable Métropole de Vienne, l'église de Saint-Mamers, l'ancienne Primatiale des Gaules, est arrivée, malgré le zèle du digne curé, à ce déplorable résultat ; et, c'est à peine, si les jours de fêtes solennelles, on peut avec le secours de la voix des vicaires, chanter la Grand'Messe.— Dans les diocèses de Bordeaux, de Périgueux, d'Agen, beaucoup de Paroisses sont privées de la Messe chantée ; et dans un très-grand nombre de Paroisses en France, le Curé et le vicaire exécutent seuls le chant des offices.

Dans les églises de Paris, en apparence bien et richement pourvues de chantres à la voix sonore et puissante, on est sous la dépendance des théâtres; et, il est triste d'être obligé de constater que s'il plaisait à M. le directeur de l'Opéra, de défendre un matin à ses employés de chanter dans les églises, à l'instant même, vingt paroisses et plus à Paris, seraient réduites à des Messes basses ; il n'est pas jusqu'aux plus jeunes enfants qu'on vient arracher du chœur de nos églises, du pied de nos autels, pour les conduire dans les coulisses et sur la scène de l'Opéra. Cependant, il existe un Ministre de l'Intérieur, un directeur des beaux arts, des commissaires royaux, qui règlent l'emploi des subsides accordés aux théâtres par les Chambres, et qui permettent qu'on enlève ainsi à la Religion et à l'art, de pauvres enfants de douze ans. Revêtus des oripeaux du théâtre, perdus au milieu des troupes de danseurs et de danseuses, ces enfants sont vite étiolés et flétris ; mais l'appât du gain l'emporte dans l'esprit de leurs parents sur toute autre considération.

Il semble que cet état de choses devrait alarmer le Clergé ; que des mesures énergiques et décisives devraient être prises pour sauver d'une ruine complète le chant ecclésiastique ; rien, pourtant, n'a été fait, si ce n'est quelques tentatives isolées sans résultat apparent. C'est que, comme je le disais au commencement, on n'est pas convaincu que le chant de nos églises soit inconvenant, défectueux comme il nous plaît de le dire ; c'est, qu'habitué dès l'enfance à entendre ces discordances, on n'en est pas choqué ; c'est qu'on ne reçoit pas dans les séminaires l'instruction musicale qui formerait le goût, rendrait l'oreille plus délicate ; c'est, enfin que le Prêtre éloigné des assemblées mondaines par ses devoirs et par ses vertus, ne peut faire aucune comparaison du chant ecclésiastique avec la musique profane. Celle-ci règne dans les salons, dans les théâtres ; elle est entourée d'un cortège brillant d'instruments variés, rehaussée par le progrès des arts, enrichie chaque jour d'effets nouveaux ; elle émeut, elle passionne, par la beauté de ses chants, la douceur de ses voix, la puissance de ses sons. A Dieu ne plaise que nous demandions à l'Église Catholique d'aller emprunter à cette musique du monde, son charme et ses séductions; nous voulons, au contraire, au pied des autels, une musique calme, grave, solennelle; nous voulons la musique que les Saints ont aimée, mais nous la voulons dans tout son éclat et sa magnificence, dans son caractère sublime et austère, qui commande le respect, élève l'ame à Dieu, inspire le recueillement ; ce ne sont pas les chantres et le chant actuel de nos églises qui obtiendront ce résultat. Qu'on chasse du sanctuaire la musique profane, je le conçois, je le demande ; mais c'est à la condition qu'on en bannira également les chants barbares qui y retentissent aujourd'hui ; la routine et l'habitude ont pu les tolérer jusqu'à ce jour, mais le goût et la piété éclairée doivent à l'avenir les proscrire.

J'ai dit, plus haut, que le principal obstacle à toute amélioration était l'indifférence ; j'ai essayé de combattre cette indifférence par le souvenir de la grandeur passée du chant ecclésiastique, et par le tableau de sa décadence actuelle. Il me reste à faire connaitre les moyens de remédier à cet état de choses, moyens simples, faciles, exécutables partout, avec les ressources les plus modiques, et pour le succès desquels il ne faut que ce qui ne manque jamais en France dans le cœur du Prêtre : le dévouement et le zèle.

❋

Quels sont les moyens d'améliorer le chant des Offices, eu égard aux ressources actuelles des Paroisses?

Avant de répondre à cette question qui exigera de longs développements, je veux raconter un fait qui se rapporte au sujet dont je m'occupe.

Vers 1775, dans un obscur village de la Silésie, vivait un pauvre maître d'école, fils de chantre et chantre lui-même à sa paroisse. Sa voix résonnait seule le Dimanche dans la modeste église; et, si quelquefois le Pasteur et les fidèles essayaient de l'accompagner, c'était pour produire une discordance complète. Le chantre, maître d'école, avait un peu étudié la musique, et ses oreilles exercées souffraient de cet état de choses. Un jour, il se mit fermement en tête de former un chœur plus harmonieux. Il commença par enseigner le chant à ses jeunes élèves.

Il persévéra dans cette entreprise avec zèle et patience, et dix ans après, il avait un chœur nombreux composé des habitants du village, artisans, ouvriers, cultivateurs, et naguère ses écoliers. Ce n'est pas tout; enhardi par le succès, le maître d'école voulut agrandir ses moyens; il fit un voyage à la ville voisine, y reçut quelques leçons élémentaires de musique instrumentale, en rapporta des violons, des basses, des cors, des clarinettes, enfin les instruments de l'orchestre et se mit à enseigner ces divers instruments à ceux de ses élèves qui avaient le plus de goût. Dix années encore s'écoulèrent, et au bout de ce temps, le village comptait à peine un de ses habitants qui, le Dimanche, ne pût faire sa partie dans la musique exécutée à l'office. Cela ne portait aucun préjudice aux travaux de la campagne; mais après les fatigues de la journée, on se réunissait pour l'étude des Messes et morceaux d'Homilius, Graun et Mozart, auteurs à la mode alors. — Le hasard permit que Mozart voyageant en Silésie, entendit parler de ce village si musical, et voulut le visiter. — Il s'y rendit un Dimanche et entendit non-seulement une de ses Messes fort bien exécutée, mais encore il put apprécier le mérite du maître d'école comme arrangeur et compositeur. — Ce maître d'école se nommait Jean Ignace Schnabel; la protection de Mozart le fit nommer Maître de Chapelle à Breslau, où il termina sa carrière, il y a environ vingt-ans.

L'histoire de J. Ignace Schnabel peut, ce me semble, être proposée pour exemple, non-seulement aux maîtres d'écoles, mais encore à tous les hommes, Prêtres ou laïcs qui sont alarmés de l'état actuel du chant de nos églises. D'ailleurs, cette histoire que j'emprunte à l'Allemagne, s'est reproduite en France, sous nos yeux.

A Aire, sur la Lys, le zèle du Curé, du vicaire et de l'organiste ont formé des chœurs qui feraient envie à des chapelles princières.— Ces chœurs sont composés d'artisans, d'enfants des écoles, qui ne songent pas à devenir des artistes, mais seulement à cultiver la musique comme un délassement à leurs travaux pénibles. Tous les Dimanches, on exécute dans cette petite ville, d'excellentes compositions.

A Lons-le-Saulnier, un pauvre Prêtre dont la modestie sera affligée de cette citation, un pauvre Prêtre faible et souffrant, a su organiser dans l'église Saint-Desiré de cette ville, des chœurs harmonieux.— Il prend la peine d'enseigner lui-même chaque soir les éléments du chant à de jeunes ouvriers qui se groupent autour de lui et qu'il dirige, le Dimanche, au lutrin de la paroisse.

A Noyon, à Beauvais, dans les séminaires de ces deux villes, et par les soins d'un Prélat éclairé, on a établi un enseignement musical, intelligent, élevé, et qui donne de magnifiques résultats; à Boulogne, M. Haffringue, ce Prêtre respectable et éminent, qui par ses travaux, ses conceptions grandioses, semble appartenir à une autre époque que la nôtre, a fondé, dans sa belle institution, un cours de chant appliqué aux offices de la chapelle et qui, par les soins d'un jeune et excellent professeur, M. Vervoitte, produira tout le bien qu'on en attend. MM. Barbion, à Saint-Omer, sous la surveillance du digne doyen de Notre-Dame; MM. Bour et Wirth, à Metz; Moulins, à Rennes; Simon, à Nantes; Mazingue, à Lille; Cartier et Trotebas, à Marseille; Chatteteau, à Bordeaux; Hue, à Caen, quelques autres encore, marchent sur les traces d'Ignace Schnabel, et enseignent aux enfants des écoles, les éléments du chant religieux.

C'est là, en effet, le commencement de toute réforme et le premier moyen à employer pour améliorer le chant ecclésiastique. — Il faut s'emparer de la génération nouvelle, et laisser de côté la génération qui passe. Élevée au milieu des tempêtes révolutionnaires, la société actuelle n'a connu d'autre musique que les cris sauvages qui accompagnaient le chant de la Marseillaise, elle n'a entendu d'autre harmonie que le bruit retentissant du canon et de la mitraille ; en un mot, elle est perdue pour l'art. Mais les jeunes enfants qui peuvent espérer un avenir meilleur, une vie moins agitée, ces jeunes enfants qui fréquentent les écoles, paysans ou bourgeois, nobles ou roturiers, riches ou pauvres, tous sont prêts à recevoir l'instruction nécessaire pour consacrer à louer Dieu, leurs voix fraiches et pures. Ils n'attendent que le signal pour se ranger dans le sanctuaire, au lieu d'être relégués dans quelque coin de l'église, comme on fait actuellement. — Vous avez tous vu dans nos églises, des troupes de jeunes enfants auxquels les Frères des Écoles Chrétiennes prodiguent leurs soins ; on les place ou à l'entrée de la porte, ou dans quelque bas-côté ; ils essayent là et de loin de s'unir à la voix du chœur ; mais, à une telle distance, il est impossible qu'il y ait ensemble et justesse. Alors ils se dégoûtent, se taisent, et, toute l'attention, toute la surveillance des bons Frères ne peut empêcher ces petits enfants d'être distraits et d'avoir plus de disposition à jouer à la fossette qu'à prier Dieu, malgré le chapelet placé entre leurs doitgs, malgré le livre qu'on les oblige à tenir ouvert.— Qu'on enseigne le chant à ces petits enfants, qu'on les conduise auprès du chœur, qu'on les dirige bien, et ils seront attentifs, ils prendront part à l'office, Dieu en sera glorifié; en grandissant, ils ne perdront pas le souvenir des chants qui ont charmé leur jeune âge, ils reviendront toujours à leur paroisse et pour les entendre et pour y mêler leur voix.

Voilà, je le répète, le premier moyen à employer pour la restauration du chant religieux, l'enseignement du chant aux petits enfants.— C'est une fonction que personne ne doit dédaigner, ni le Curé, ni le vicaire, ni l'organiste, ni le maître d'école.— Des Saints, des Pontifes illustres l'ont remplie cette fonction; car, on montrait encore à Rome dans le siècle dernier, le fouet avec lequel le Pape saint Grégoire corrigeait les petits enfants, auxquels il apprenait lui-même les éléments du chant; et le poète Fortunat, dans la vie de saint Germain, évêque de Paris, rapporte que ce saint prélat enseignait le chant au chœur, au peuple et aux enfants. *Pontificis monitis, chorus, plebs psallit et infans.*

Je sais qu'il y a, en France, un grand nombre d'hommes dévoués et désintéressés, qui entreprendraient volontiers une telle œuvre, mais, ils sont arrêtés à la vue des difficultés que présente une entreprise aussi insolite.

Il existe bien un article de la loi sur l'instruction primaire qui prescrit aux maitres d'écoles de savoir la musique et de l'enseigner ; il y a bien des villes où le Conseil Municipal a généreusement voté des fonds pour établir des cours de musique ; ces cours sont même en vigueur à Paris depuis longtemps, ils ont été fondés par un homme du plus grand mérite, M. Wilhem, ils sont dignement continués par son successeur, M. Huber ; on y suit une méthode excellente, on y compte chaque année quatre à cinq mille élèves, et pourtant, ils ne présentent aucun résultat. Non-seulement, il n'en sort pas des artistes éminents (ce n'est pas suivant moi ce qu'on doit attendre de ces institutions), mais encore, on ne voit pas que ces cours aient, depuis vingt ans qu'ils sont établis, servi à propager le goût de la bonne musique, la pensée des associations pour en exécuter.

La cause de la stérilité de ces entreprises, c'est le manque d'application, l'absence d'un but certain, d'un théâtre où puissent se développer l'émulation et l'enthousiasme.

Ce théâtre, où le cherchera-t-on? ira-t-on conduire sur les tréteaux et dans les coulisses tous ces artisans qui quittent le soir leur travail pour s'occuper d'une étude calme, douce, bienfaisante, et non, pour aller farder leurs joues et s'exposer aux sifflets d'un public blasé ? C'est à l'église, c'est dans le sanctuaire, qu'il faut rassembler ces cohortes de musiciens ; c'est là qu'ils seront entendus de leurs parents, de leurs amis, de leurs pareils, qui composent l'assemblée des fidèles ; c'est là, qu'ils trouveront un jugement indulgent pour leurs premiers et grossiers essais, c'est là, qu'ils pourront exécuter des ouvrages classiques, et c'est là enfin, qu'ils pourront seulement mettre à profit l'instruction musicale qu'ils auront reçue. Alors même qu'on enseignerait le chant dans toutes les écoles de France, je puis prédire que cet enseignement serait stérile s'il n'avait pour application immédiate et intelligente, le chant des offices divins. Malheureusement, il reste encore dans les Conseils Municipaux des hommes assez dépourvus de sens pour repousser l'idée de faire servir à la louange de Dieu, à la magnificence de son culte, l'argent qu'ils donnent pour la propagation de la musique.

C'est à vaincre cette malveillance et ces préjugés que doivent travailler les amis de l'art religieux. Le jour où le Conseil Municipal de Paris (et les autres à sa suite) s'élevant au-dessus de niaises préventions, prescrira au directeur des cours gratuits de musique, de mettre ses élèves à la disposition des paroisses, de les conduire à toutes les fêtes pour y exécuter les morceaux de plain-chant ou de musique qu'ils auront étudiés ; le jour où un tel exemple sera donné aux autres villes, on peut dire non-seulement que la restauration du chant religieux sera accomplie, mais encore que la cause de l'art musical sera gagnée, et peu d'années après, la France n'aura rien à envier sous ce rapport à l'Allemagne ou à l'Italie.

J'ai souvent entendu dire que la supériorité incontestable de l'Italie et de l'Allemagne, sous le rapport musical, tenait à deux causes :

La première, serait une disposition innée à l'étude de cet art.

La seconde, l'habitude excellente de la vie de famille, l'esprit d'association.

Ce sont là des préjugés à combattre, et on peut d'abord invoquer contre eux l'autorité de l'histoire.

Aux 14.me et 15me siècles, le sceptre de la musique appartenait à la France ; ce furent les maîtres Français et Belges Josquin Desprès, Mouton, Roland de Lassus, Arcadelt, Du Caurroy, Hobrecht, Ockeghem, qui enseignèrent à l'Italie à l'époque de la Renaissance, un art dont elle ignorait les secrets. De toutes les parties de l'Europe, on venait demander aux Maîtres de la Chapelle de nos Rois Charles VIII, Louis XII et François Ier, des produits de leur génie, et, leur gloire se déployant au loin, leur faisait décerner par les nations étrangères le titre de *Princes des Musiciens.*

Apparemment, il y avait à cette époque dans notre patrie, des dispositions innées; qui a pu enlever aux enfants de nos aïeux ce don qu'ils recevaient en naissant? l'Italie n'avait-elle pas à cette même époque son beau ciel si favorable au développement de la voix; l'Allemagne n'avait-elle pas ses vieilles et mystérieuses légendes, ses sites pittoresques, tout ce qui pouvait enfin éveiller et agrandir le sentiment de la poésie, de l'art, de l'harmonie?

Si donc la France possédait, il y a trois siècles, à un plus haut degré que les autres nations le don de la musique, il ne faut plus parler des dispositions innées, ni des influences du climat; c'est la guerre civile avec ses horreurs qui a banni de notre patrie cet art, ami de la paix; en effet, on vit au milieu du 16.me siècle, les artistes fameux qui ornaient la Cour de nos Rois, s'enfuir d'un pays où régnait la discorde. A travers des fleuves de sang, à la pâle lueur des incendies, ces princes de la musique se dirigèrent vers l'Italie où ils fondèrent des écoles d'où sont sortis Palestrina, Frescobaldi, Gabrieli, et les autres gloires de l'École Italienne.

On ajoute encore que nous n'avons pas, comme les Allemands, l'habitude de la vie de famille ni l'esprit d'association; mais ces deux excellentes dispositions sont le résultat de l'éducation et surtout du soin des familles à rendre leur intérieur attrayant et agréable, à l'embellir du charme des arts, à y appeler et y réunir des distractions honnêtes.

Je ne sais guère ce qui se passe dans les salons, en France; mais, quand il m'a été imposé d'y pénétrer, j'y ai trouvé des conversations oiseuses, des romans futiles ou dangereux, des romances fades chantées plus fadement encore; j'y ai trouvé la cupidité, aux yeux hagards, assise à des tables de jeu; des pianistes acrobates, dont tout le mérite consiste à faire admirer la dextérité de leurs doigts; y a-t-il autre chose dans nos salons? en vérité je l'ignore. Ce qui est certain, c'est que je n'ai rencontré dans ces réunions rien de ce qui pouvait les rendre attachantes, ou y nourrir l'esprit d'association, c'est-à-dire, la musique avec ses chœurs harmonieux, formés de nombreux exécutans, où chacun a une partie à faire, un rôle à remplir. La musique peut, mieux qu'aucun autre art, créer en France cet esprit de famille qu'on regrette de n'y point trouver, et encore une fois, c'est l'enseignement du chant aux masses qui peut amener cette amélioration morale.

Je crois avoir fait justice de ce préjugé désespérant qui refuse aux enfants de la France, l'aptitude à recevoir l'enseignement musical, préjugé qu'on trouve dans toutes les bouches, quand on parle de notre infériorité sous ce rapport. Cependant, il importe de savoir comment le goût de cet art s'est propagé en Allemagne, au point de s'identifier aux mœurs de la nation entière. Tout le monde sait que le Rhin sépare la France d'une contrée où la musique a enrôlé sous sa bannière tous les habitants, depuis les pâtres jusques aux monarques. Dans ce pays de mœurs calmes et hospitalières, on compte les hommes qui sont étrangers aux jouissances que procurent le chant et l'harmonie ; les églises sont remplies de chrétiens qui exécutent les cantiques sacrés ; les rues, les places publiques, sont parcourues par des troupes de joyeux chanteurs ; les chaumières comme les salons, sont autant de temples où l'art est l'objet d'un culte assidu. Ces résultats excellents sont dûs à deux causes ; l'une actuelle, c'est l'éducation musicale que reçoit chaque citoyen ; l'autre ancienne, c'est l'introduction du chant en chœur dans les temples de Luther.

Le Protestantisme a été stérile pour les arts, il en a desséché la source qui était la foi et l'enthousiasme religieux ; toutefois, c'est une vérité historique contre laquelle on ne peut rien alléguer, que Luther en faisant adopter pour son culte des mélodies simples, faciles, en les faisant apprendre dans les écoles et chanter ensuite, soutenues par les sons de l'orgue, a développé puissamment en Allemagne le sentiment de la musique.

L'émulation du Clergé catholique fut excitée par l'effet que produisait sur les populations les chœurs harmonieux des hérétiques, et, bientôt de cette rivalité naquit le progrès. La liturgie catholique avec sa splendeur, sa poésie sublime, ces cérémonies magnifiques, devait l'emporter dans cette lutte inégale. En effet, tous les chefs-d'œuvres de musique sacrée sont, sans exception, consacrés à notre culte et chose remarquable ! lorsque parmi les Protestants, il s'est trouvé un artiste de génie, il a été forcé en quelque sorte de faire hommage de ce don précieux à l'Église Catholique, sa mère méconnue ; on peut citer, par exemple, les Messes et *Magnificats* du grand Sébastien Bach ; et de nos jours, le célèbre organiste luthérien Rink, a composé une Messe qui est assurément une de ses plus belles productions.

Si l'Allemagne doit à la pratique du chant religieux le génie musical qui a tant contribué à développer son esprit de famille, ses mœurs douces et calmes, pourquoi les mêmes causes ne produiraient-elles pas parmi nous les mêmes effets ? S'il y a en France dans les diverses administrations, dans les Conseils municipaux, des citoyens qui désirent qu'il ne manque pas un fleuron à la couronne de gloire de leur patrie, comment refuseraient-ils leur concours, leur appui, à une mesure, à des entreprises qui auraient pour but certain de semer et faire fructifier le sentiment d'un art dans lequel nous sommes inférieurs aux autres nations. J'en ai dit assez sur ce sujet pour prouver que les hommes de toute opinion et de toute religion, n'étaient pas moins intéressés que les Catholiques à la restauration du chant ecclésiastique. Cette restauration ne peut s'accomplir que par l'enseignement général du chant dans les écoles, et son application aux offices divins.

Ici, je dois entrer d'une manière toute pratique dans l'exposé de la marche à suivre pour fonder et continuer avec succès un tel enseignement.

Il est partout facile, au village comme dans la grande ville, de réunir les petits enfants, soit au presbytère, soit à la salle de l'école même, à une heure qui ne dérange pas les autres études.

Le premier soin qu'on doit prendre à l'égard de ces enfants, c'est de former leur voix, c'est-à-dire, de leur apprendre à émettre des sons justes, égaux entr'eux, et contenus dans les limites naturelles de cet organe.

On compte en France plusieurs cours de musique ou de plain-chant (1). Dans les séminaires, dans les diverses écoles, ces cours sont sans aucun résultat, parce qu'on ne s'y occupe pas avec une attention éclairée de former l'organe vocal, de le développer, de l'égaliser, de l'assouplir; c'est là le point important, capital, et la base de tout cet enseignement.

Les enfants, depuis l'âge de cinq ans, jusqu'à l'époque de la puberté, sont naturellement doués d'une voix douce, flûtée, semblable à la voix des femmes; or, nulle part, on n'entend les enfants se servir de ce genre de voix; partout, entraînés à imiter la voix forte et grave des hommes, ils se façonnent une voix factice, criarde, qui n'a qu'une étendue très-restreinte, et avec laquelle ils s'efforcent en vain de chanter à l'unisson ou à l'octave des chantres. C'est, au contraire, la voix qu'on

---

(1) L'*Almanach du Bon Catholique*, donne pour Paris la Statistique suivante : « L'enseignement du chant existe dans 52 écoles, dont 21 dirigées par les Frères des Écoles Chrétiennes et dans 12 classes du soir pour les adultes.

nomme *Soprano* ou dessus, identiquement pareille à la voix féminine, qui est la voix naturelle à tous les enfants, et on doit tout d'abord les exercer à produire ces sons aigus, leur imposer l'obligation de ne chanter qu'avec ce genre de voix, leur apprendre d'après les règles qu'indiquent toutes les méthodes de chant, à égaliser les sons, respirer à propos, enfler ou diminuer un son à volonté, et enfin, l'émettre avec justesse et netteté.

Tous les traités spéciaux de l'art du chant, contiennent des notions dont on réserve ordinairement la connaissance pour les élèves déjà avancés dans l'étude de la musique et du solfège. Cependant, l'expérience m'a démontré qu'il fallait commencer par former l'organe vocal, l'habituer à se développer dans son étendue naturelle, l'exercer aux changements de régistres, au passage de la voix de poitrine à la voix de tête, à la respiration ; pour ces travaux préliminaires, la vocalisation de la gamme sur une voyelle est un exercice indispensable et dont le résultat est certain. Je ne sache pas que dans aucun des cours de musique en usage en France, on suive une telle méthode. L'étude de la théorie musicale, arrête longtemps les élèves, rebute leur zèle, dessèche leur cœur; et, quand après un long temps dépensé à enseigner ces connaissances, le maître veut en faire l'application, s'il veut compter ses élèves, il trouve des vides dans leurs rangs, les uns se sont découragés et ont abandonné sans retour une science si aride ; ceux qui restent n'ont plus l'enthousiasme qui vivifie les arts, et ils restent sourds à la voix du professeur, insensibles à ses efforts.— Si au contraire, l'étude simple et facile du chant avait précédé la théorie ardue, si chaque élève avait senti se développer dans sa poitrine une voix pure et puissante, le zèle ne se serait pas éteint ; la théorie limitée à ses plus simples secrets, ne repousserait personne, et les succès ne se feraient pas attendre.

Après l'étude du chant et la culture des voix qui exigent les premiers soins du maître, son attention soutenue, il reste à enseigner les éléments de l'intonation et du rhythme. On ne saurait s'imaginer combien il est facile de saisir avec la voix les rapports des intervalles musicaux, quand cette voix agit dans son étendue naturelle. Quelques leçons suffisent alors pour apprendre les intonations et exercer la justesse de l'organe. Dès que les enfants peuvent, d'une voix pure et juste, balbutier les plus simples intervalles, il faut sans attendre plus, leur donner le moyen de faire à l'office même, application de leurs premiers et grossiers essais.

Appelé à Lyon, il y a quelques années, par son Éminence le Cardinal de Bonald, pour y organiser le chœur de sa Métropole, je dûs commencer par former les voix des jeunes élèves de la Manécanterie de Saint-Jean. Il y avait là cent enfants ; la plupart avaient déjà perdu et altéré considérablement leur organe, par suite de cet usage funeste de chanter à l'unisson des chantres ou chapelains.— Tous ignoraient complètement qu'ils pussent employer cette voix douce et aigue de dessus, que je m'appliquai à leur faire adopter. Après quelques leçons, je leur fis chanter l'*O salutaris*, avec ce genre de voix qui n'avait pas retenti depuis longtemps sous les voûtes de la Primatiale de Lyon. L'effet produit et sur les assistants et sur les enfants eux-mêmes, par ce chant pieux et suave de l'*O salutaris* du 8me ton, décida du succès de ma mission.— Jusque-là, les enfants avaient cru que cette voix naturelle que j'essayais de faire revivre dans leur poitrine, était grotesque et ridicule ; ils furent détrompés après ce simple essai, et je pus continuer l'œuvre qui m'était confiée.

Toutes les villes ne sont pas aussi arriérées que l'était Lyon à cette époque ; et dans beaucoup de cathédrales, on entend des parties de soprano ou dessus exécutées par de jeunes enfants ; mais presque partout aussi, l'étude du chant a été si mal dirigée, que ces sons déplaisent plus qu'ils ne charment. Il est donc absolument nécessaire si on veut obtenir quelque succès dans l'enseignement de la musique sacrée ou même du plain-chant, soit dans les maîtrises, soit dans les séminaires ou dans des cours spéciaux, de s'occuper de l'étude de l'art spécial du chant, qui a pour objet comme je l'ai dit, l'émission des sons, leur nature, leur étendue, leur volume.

Les Italiens qui pendant si longtemps ont excellé dans l'art de former des voix, n'avaient pas d'autre secret. Un jeune enfant est un jour amené chez un célèbre maître d'Italie qui consent à lui donner des leçons, à la condition qu'il ne manquera pas de patience quelque soit la lenteur apparente des procédés et de la méthode employée pour lui enseigner. Le maître (c'était Porpora, un des plus célèbres compositeurs de musique sacrée de l'Italie) trace sur une feuille de papier quelques exercices et les fait étudier au jeune élève pendant une année entière. Après l'année écoulée, on recommence la même feuille et ainsi de suite pendant trois ans; puis un jour, le maître appelle l'élève, le pousse hors de chez lui, en lui disant : *Va Caffarelli, tu es le premier chanteur du monde !* Et c'était vrai.

Je ne cite cet exemple que pour montrer l'importance de la culture spéciale de la voix et non pour demander qu'on pousse l'étude de la musique dans de tels cours jusqu'à ses dernières limites.

Il ne s'agit pas de créer une population d'artistes, qui, élevés par l'étude dans les hautes sphères de l'art, déserteront un jour la charrue ou l'atelier pour se livrer à l'exercice des diverses branches de la musique ; il ne s'agit pas de se rassembler dans nos églises de villages pour y exécuter les chefs-d'œuvres des maîtres, mais il suffit parfaitement de former des voix pures, puissantes, nombreuses, qui fassent entendre aux divins offices, des chœurs faciles, d'un effet grave et religieux; il faut atteindre ce but et ne pas le dépasser.

L'art y trouvera toujours son compte ; car, au milieu de cette foule harmonieuse, il se trouvera quelque génie remarquable, quelque enfant privilégié, appelé à jouer un rôle brillant, à produire des compositions importantes ; il saura bien se faire jour à travers la multitude et venir prendre son rang parmi les artistes contemporains. Du reste, la propagation de l'enseignement de la musique comme je la conçois, aura pour objet, non-seulement le progrès de l'art, mais encore et bien plus la gloire de Dieu par la magnificence de son culte, le bien-être du peuple par l'accroissement de ses jouissances.

On envisage l'art de nos jours, d'une manière étroite et égoïste ; ses effets, son charme, sa puissance, sont renfermés dans l'enceinte des théâtres, ou dans les murs tapissés d'un salon. Mais le peuple, avec ses sabots et son habit grossier, pénétrera-t-il dans ces brillantes réunions ? et si on l'en chasse, où jouira-t-il du bienfait des arts? Il appartiendrait vraiment à une nation grande et magnanime, à une époque où on a tant et si inutilement parlé de l'amélioration des classes inférieures, de songer à entourer le peuple de ces jouissances intellectuelles, les plus nobles de toutes, les seules qui ne laissent pas après elles de soucis et de regrets. Mais revenons à mon sujet.

Les cours de chant étant établis, les voix étant formées, les notions premières du rhythme, de la lecture, de l'intonation étant données (je ne demande pas par quelle méthode, toutes sont bonnes entre les mains d'un maître intelligent) (1), il reste

(1) Dans les cours suivis par un grand nombre d'élèves, je conseille particulièrement l'emploi de la méthode Wilhem qui n'est autre chose qu'une application ingénieuse des principes de l'*Enseignement mutuel* à l'étude de la musique. — Si l'*Enseignement mutuel* présente des dangers incontestables pour l'étude des sciences morales, il n'en offre aucun, lorsqu'il s'agit de musique et de chant. — Le

à déterminer le choix des morceaux à exécuter aux offices. Se bornera-t-on au seul plain-chant à l'unisson, admettra-t-on-le faux-bourdon, introduira-t-on la musique moderne, emploiera-t-on des instruments pour l'accompagnement et lesquels? Sur ces questions et sur d'autres, je dirai toute ma pensée.

D'abord, parlons du plain-chant. On ne saurait trop prémunir les ecclésiastiques et les artistes contre la tendance que je leur connais, à assimiler le plain-chant à la musique; aucune affinité réelle n'existe entre l'un et l'autre. Ce sont deux arts, deux idiomes très-distincts, basés sur une tonalité différente,

---

système de M. Wilhem consiste donc à diviser les élèves par groupes ou tableaux sous la direction d'un moniteur à chaque pupitre. - Pour commencer avec fruit l'application de cette méthode, il faut, avant tout, former séparément quelques élèves auxquels on confie ensuite les fonctions de moniteur.— Le maître exerce sur l'ensemble du cours une surveillance générale et inspecte chaque groupe; mais la méthode Wilhem ne s'occupe pas spécialement du chant, et j'ai dit combien il était nécessaire de faire exercer, sans relâche, les élèves sur les règles de cet art spécial. Ces règles se trouvent dans toutes les méthodes de chant des auteurs en renom.

J'exclus absolument de tout enseignement, les méthodes empruntées au système du Méloplaste, et qui n'ont dans la pratique aucune valeur.

et qui n'ont de commun que leur origine, c'est-à-dire, la science des sons.

La musique moderne a pour fondement deux modes ou gammes, le ton majeur et le ton mineur ; le plain-chant possède huit modes ou tons, source d'une variété infinie. La musique moderne est étroitement liée à l'harmonie ou science des sons simultanés dont elle dépend et dérive ; le plain-chant est essentiellement mélodique. Dans la musique moderne, la mélodie est toujours asservie à l'accompagnement ; l'idée sort toute habillée d'harmonie du cerveau du compositeur, comme Minerve de la tête de Jupiter. Le plain-chant crée d'abord la mélodie, et, s'il emploie ensuite l'harmonie, c'est pour s'en servir comme d'une esclave, la courber sous son jong, la plier à son caprice. Dans ce genre de musique, la simplicité est unie à la clarté. Ne faut-il pas, au contraire, toute la subtilité de nos esprits civilisés pour comprendre, en écoutant la musique moderne, cette confusion de sons, ce cliquetis de notes, ce pêle-mêle d'accords, qui se croisent, se heurtent, se brisent, avec art, j'en conviens, mais avec un désordre dont une oreille peu exercée ne peut saisir les beautés et les finesses. Je ne pousserai pas plus loin ce parallèle ; mais je demanderai lequel de ces deux genres de musique est plus populaire, convient mieux à l'assemblée des fidèles, c'est-à-dire, à une réunion de personnes, d'intelligence, d'âge, de fortune, de sexe, et de science bien divers?

On connaît l'histoire de cet ambassadeur français en Chine, qui, voulant régaler l'empereur d'un concert, assembla les musiciens de sa suite pour faire entendre une symphonie à Sa Majesté chinoise. Aux premières mesures, l'empereur arrêta les exécutants et les fit prier de jouer les uns après les autres et non tous ensemble, parce qu'il en résultait, suivant lui, une cacophonie insupportable.

Dieu merci, nous avons les sens moins grossiers, l'ouïe plus délicate, l'esprit plus poli, que les Souverains du Céleste Empire; néanmoins, les richesses, les difficultés de notre musique moderne ne sont pas accessibles à tout le monde, tandis que le plain-chant, dans sa majesté, n'empruntant son charme qu'à la simple mélodie, est à la portée de toutes les intelligences.

C'est pour cela, qu'il importe de conserver au plain-chant son caractère, sa tonalité spéciale; c'est pour cela, qu'il faut éviter avec soin de l'altérer par des ornements, ou des modifications empruntées à la musique; c'est pour cela enfin, qu'il serait si utile de le rétablir dans sa pureté primitive.

Ainsi, d'après mon sentiment, le plain-chant et la musique doivent être complètement séparés. Le plain-chant, c'est le roi de nos lutrins, les chœurs de nos églises forment son empire; et, si la musique moderne peut sans difficulté être admise à payer son tribut d'hommages à la religion, ce doit être l'exception et non la règle. Après avoir cédé momentanément sa place, le plain-chant doit revenir l'occuper. Laissant le langage figuré, je dirai qu'il faut exécuter le plain-chant comme il est écrit dans les anciennes éditions, sans l'emploi de dièses et bémols accidentels, lorsqu'ils détruisent la tonalité spéciale; qu'il faut lui laisser son ancien rhythme sans essayer de le mesurer suivant les règles de la musique; qu'il faut enfin ne se choquer ni de ses duretés, ni de sa rudesse apparente qui étonnent au premier abord nos sens efféminés.

Il n'est pas nécessaire de conserver au plain-chant sa notation gothique; et, comme dans les cours qu'on pourrait fonder, l'enseignement de la musique devrait marcher de front avec celui du plain-chant, ce serait un embarras de plus que d'être obligé d'apprendre aux élèves les deux systèmes de notation. Le plain-chant peut, sans aucun inconvénient, être traduit d'après les règles de la notation moderne; il serait même à désirer que les Évêques fissent imprimer des Antiphonaires et des Graduels dans lesquels le chant serait publié, transposé sur la clef de sol. Les fidèles qui ont appris la musique, pourraient à l'aide de ces livres, suivre le chant des offices et y prendre part. Or, on ne saurait employer trop de moyens pour arriver à ce résultat. En définitive, on peut présenter aux enfants, aux élèves des divers cours, le plain-chant traduit en notation moderne.

Faut-il exécuter le plain-chant à l'unisson ou en faux-bourdon ?

Faux-bourdon est le nom qu'on donne au plain-chant quand il se revêt d'accords simples, consonnants, qui s'appliquent sur la mélodie, syllabe par syllabe, note par note, et qui l'enrichissent des effets de l'harmonie. La science des sons simultanés ou harmonie n'était pas connue des Anciens, et c'est au Moyen-Age, dans nos cathédrales, sur le clavier de nos orgues, qu'elle a pris naissance. Les premiers accords datent du 8.me ou 9.me siècle, et ils furent d'abord appelés *Organum*, ce qui indique clairement leur origine ; plus tard, ils furent désignés sous le nom de *déchant*, et enfin aux 15.me et 16.me siècles, sous celui de *faux-bourdon*. Le nom a varié ; au fond, c'était le même art. Au 13.me siècle, l'usage du déchant était si général, que le pape Jean XXII publia une bulle contre les abus qui en résultaient.

Il ne reste pas de faux-bourdon du 12.me siècle à moins que, comme j'ai de fortes raisons de le penser, les faux-bourdons encore usités aujourd'hui ne nous viennent directement de cette époque et n'aient, malgré de nombreuses altérations, traversé le temps pour arriver jusqu'à nous. En remontant de manuscrit en manuscrit, on trouve des faux-bourdons à peu-près semblables à ceux que nous avons, et on ne trouve nulle part la date d'aucun d'entre eux. Quoiqu'il en soit, ce genre d'harmonie est très-facile à établir ; on n'y admet que l'accord parfait, agencé de manière à concorder toujours avec la tonalité antique ; tandis que toutes les altérations récentes ont invariablement devié de cette règle en y substituant des marches d'accords empruntées à la modulation moderne. Le faux-bourdon s'est conservé dans toute son intégrité jusqu'au 16.me siècle ; du moins les grands maîtres de cette époque en observaient-ils scrupuleusement les règles. Il existe à la Bibliothèque Royale de Paris un recueil in-8.° publié en 1576 et intitulé *Litaniæ Lauretanæ*. Il contient les divers chants de litanies adoptés à la célèbre chapelle de Notre-Dame de Lorette, en Italie. Ces chants sont en faux-bourdon, et j'ai lieu de croire qu'ils sont en partie bien antérieurs à la date de leur publication.

Le faux-bourdon convient plus spécialement aux chants syllabiques, aux mélodies bien caractérisées, telles que celles des hymnes, des psaumes, des proses, et de quelques antiennes. On pourrait facilement l'appliquer aux répons, graduels, introïts du chant romain ; mais l'entreprise serait impraticable pour la plupart des chants des nouvelles liturgies. En France, le faux-bourdon n'est employé que dans la psalmodie et j'en ai le premier fait application aux autres parties de l'office ; c'est de cette manière que j'ai fait exécuter la messe entière des obsèques du Duc d'Orléans, dans la cathédrale de Paris. Je ne saurais trop instamment recommander d'adopter partout, en France, le *faux-bourdon* pour l'office habituel de nos églises. Le plain-chant à l'unisson pourrait à la vérité produire de magnifiques effets, s'il était chanté par des voix innombrables ; mais les accords du faux-bourdon, enveloppant le chant d'une harmonie douce et pure, ont un charme particulier qui agit à la fois sur les esprits grossiers comme sur les intelligences cultivées.

Il ne suffirait pas de convenir des beaux effets du faux-bourdon et d'en vouloir ou d'en prescrire l'emploi, il faudrait encore corriger dans ceux qui existent, les nombreuses altérations qu'on y a introduites, et en composer de nouveaux d'après les préceptes anciens : c'est là une tâche difficile et que peu de personnes peuvent remplir. En tous cas, ceux qui pourraient l'entreprendre, ont été jusqu'à présent rebutés par le peu de faveur et de débit que trouvaient de semblables publications. Si la voix des Évêques s'élevait pour recommander au Clergé, aux Supérieurs des séminaires, de ne pas laisser consommer la ruine du chant ecclésiastique ; si, ces premiers Pasteurs, convaincus de l'imminence du danger que nous signalons, honoraient de leurs encouragements des travaux qui jusqu'alors ont été accueillis avec indifférence, alors, on verrait surgir de divers lieux en France, des hommes qui savent ce qu'il faut faire et qui gémissent de ce qu'on ne fait pas. Ces hommes établiraient entre eux des communications fréquentes, ils contrôleraient mutuellement leurs propres travaux, ils les soumettraient ensuite à l'autorité ecclésiastique, et bientôt, on mettrait au jour un recueil complet du chant des offices, mis en faux-bourdon, inspiré des anciennes traditions.

Jusqu'à ce qu'un tel recueil existe, que faire, si des cours s'établissent, si des voix nombreuses sont prêtes à former dans nos églises d'harmonieux concerts ? Je suis forcé de répondre qu'il faut consulter, faute de mieux, la collection des chants de la liturgie Parisienne que j'ai arrangée en faux-bourdon et publiée il y a déjà plusieurs années. Je n'ignore pas les imperfections de ce travail, mais encore, est-ce le seul qui existe et suis-je obligé de l'indiquer à ceux qui voudront faire application du faux-bourdon, aux diverses parties de l'office et connaître l'harmonie correcte des faux-bourdons dans la psalmodie. Dans les diocèses qui ne suivent pas le Rit Parisien, le recueil que je cite pourra être consulté comme renseignement et specimen. Du reste, toute personne exercée dans l'art d'écrire pour les voix, peut composer des faux-bourdons pourvu qu'elle se conforme strictement aux deux règles suivantes :

1.° *Employer exclusivement l'accord parfait.*

2.° *Placer le chant dans un ton en rapport avec la voix de la multitude.*

Ce sont là les deux lois du faux-bourdon, lois enseignées par la tradition, conservées dans les précieuses reliques musicales du Moyen-Age, et sans l'observation desquelles on ne peut entrer dans le caractère spécial de ce genre de musique.

Je m'arrête un instant sur ces deux points.

D'abord, en ce qui concerne l'harmonie propre au faux-bourdon, c'est-à-dire, l'emploi de l'accord parfait, il importe de repousser une pensée émise dans je ne sais quel opuscule et qui a pris faveur auprès de certaines personnes. On prétend que l'harmonie moderne avec ses dissonnances, ses modulations variées, peut être mélangée au plain-chant, d'une manière satisfaisante. A l'appui de cette opinion, on invoque les grands mots de progrès, d'effet, de sentiment musical. Une telle assertion serait fort dangereuse, si elle ne restait enfouie dans l'obscurité où elle a pris naissance. Les grands auteurs des 15.me et 16.me siècles, nous ont laissé d'inimitables modèles de l'art d'écrire à plusieurs voix, sans faire emploi de la modulation moderne et en suivant servilement la tonalité du chant ecclésiastique; vouloir éluder aujourd'hui les règles que ces maitres ont posées, c'est faire aveu d'impuissance, c'est donner au plain-chant un caractère mondain, passionné, théâtral, qui ne convient pas à la gravité de notre culte.

Si on juge convenable d'appeler quelquefois la musique moderne dans les églises, qu'on le fasse avec goût et discernement, en adoptant les œuvres des meilleurs compositeurs; mais quand on y exécutera le plain-chant, qu'on lui laisse sa majesté et qu'on n'aille pas le déguiser sous la défroque de l'harmonie moderne.

Ce que j'ai à dire sur la seconde loi du faux-bourdon n'est pas moins important. L'étendue ordinaire de la voix de la grande majorité des hommes, est renfermée dans une échelle de sons qui correspond exactement à la voix nommée *taille* ou *tenor*. Les enfants et femmes ont un organe d'une étendue exactement semblable à celle de la voix de tenor, mais une octave au-dessus, d'où il résulte que la très-grande majorité des hommes, des femmes, des enfants, peut chanter à l'unisson dans les cordes naturelles de la voix, sans effort comme sans fatigue. Au contraire, la voix de basse que possèdent certains hommes, et qui est répétée une octave plus haut par quelques voix féminines, nommées *contralti*, n'appartient qu'à un très-petit nombre d'individus. Aussi, ceux qu'on choisit en général pour remplir les fonctions de chantres dans nos églises, y ont-ils réduit au silence les fidèles qui ne peuvent se mettre à l'unisson de ces voix graves. Or, les faux-bourdons qu'on exécute dans la plupart de nos églises et qui sont notés à la fin des Antiphonaires, sont disposés pour que le chant ou *teneur* soit confié aux voix graves. Dans ce cas, les chantres se divisent en deux camps; l'un fait la partie grave, l'autre le chant, mais toujours sur un ton peu élevé. Par exemple, le premier ton se chante ordinairement en prenant la dominante *la*, tandis qu'il faudrait transposer et prendre la dominante *ut*, pour être dans la voix des fidèles.

La même remarque s'applique aux autres tons. Un autre défaut de ce genre de faux-bourdon, consiste dans la distance qui sépare la voix des enfants, des parties graves. Les voix demandent à être rapprochées pour produire un effet satisfaisant, et, dans les arrangements de faux-bourdon dont je parle, elles sont nécessairement très-éloignées les unes des autres. Les voix graves, les chantres ordinaires des paroisses, ne peuvent, d'après mes vues, être employés qu'à faire la basse des faux-bourdons. Il ne faut pas surtout imiter un vénérable curé de ma connaissance qui comprenant bien que le chant comme on l'exécute, est hors de la portée de la voix des fidèles, menaçait les chantres de son église de les renvoyer, s'ils ne chantaient sur un ton de voix bien plus élevé. — C'était demander l'impossible. — Si on a des basses, il faut leur donner à chanter une partie en rapport avec leur voix; mais le chant lui-même doit être entonné et continué par des tenors et dans le diapason naturel à leur organe.

Lorsque les chœurs ne sont pas composés d'artistes habiles, il devient indispensable de soutenir et d'accompagner les voix par les sons d'un instrument. A la chapelle Sixtine, on chante toujours sans le secours d'aucun instrument, et ce serait en effet la perfection de la musique sacrée, si les choristes de nos églises et les fidèles qui s'unissent à eux, pouvaient être consommés dans la pratique de l'art du chant, comme les musiciens de la chapelle du Souverain Pontife. C'est, sans doute, par un motif semblable que l'ancienne liturgie de Lyon avait repoussé l'usage des orgues. Autrefois, cette illustre métropole entretenait un chœur nombreux de chapelains, choisis parmi les prêtres doués d'une belle voix et versés dans la connaissance du plain-chant. Aujourd'hui, les plus riches paroisses ne sauraient réunir des voix assez exercées pour se passer d'accompagnement.

Anciennement, on soutenait le chant avec les divers instruments usités, et parmi lesquels figurait sans doute l'orgue portatif, très-répandu pendant tout le Moyen-Age, et dont on trouve souvent la représentation dans les sculptures qui entourent et décorent les monuments des 12me, 13me et 14me siècles. L'Église de Saint-Rémi, à Rheims, possède un tableau de l'époque de la renaissance, dans lequel on voit les chanteurs réunis devant le lutrin, avec divers joueurs d'instruments. On chantait alors en faux-bourdon, et chaque partie était doublée par un instrument. Sous Louis XIII, un chanoine de Sens ou d'Auxerre inventa le serpent, et cet instrument, rauque, âpre, inégal, variable dans ses intonations, est venu s'établir dans tous nos chœurs, y rendre le chant lourd et trainant, y dénaturer les voix, y faire régner la plus assommante monotonie. Quel triste spectacle nous donne-t-on en exposant à nos regards un homme qui, les joues gonflées, le visage déformé, roulant ses yeux dans leur orbite, étouffe entre ses bras la figure d'un animal immonde, et semble lui arracher de lugubres hurlements ! L'ophycléïde a, dans beaucoup d'endroits, détrôné le serpent ; c'est un peu moins laid à voir, mais ce n'est pas plus agréable à entendre. Enfin, plusieurs paroisses adoptent à présent la contrebasse. Tous ces instruments présentent le même inconvénient qui doit en faire abandonner l'emploi ; c'est de résonner à l'unisson des voix graves, par conséquent de ne pas convenir à la voix du peuple ; en outre, il sont confiés à des musiciens peu habiles qui, au lieu de jouer purement le chant, se permettent de faire des accompagnements, des broderies, des ornements du plus mauvais goût, imités de l'ancien *chant du livre* ou *machicotage* qu'on a heureusement abandonné.

L'instrument le plus parfait pour diriger et soutenir le chant, celui dont les sons se marient mieux avec les voix, c'est incontestablement l'orgue; dans un espace restreint, sous les doigts d'un seul homme, on peut avec l'orgue obtenir la puissance, la diversité, la justesse, que ne pourraient produire trente ou quarante instruments réunis; ses accents sont graves et dévotieux comme dit Montaigne ; il embrasse toute l'échelle des sons et peut s'unir à tous les genres de voix ; il a des jeux variés, tour-à-tour doux ou éclatants, suaves ou terribles ; ses trompettes sonores semblent annoncer le jugement de Dieu ; ses flûtes lointaines paraissent l'écho des concerts des Anges, l'orgue est l'orchestre que demande le plain-chant. Mais, hélas ! l'orgue dont je parle n'est pas celui qui retentit dans nos églises, qui est profané chaque jour, par une musique légère, mondaine, sans dignité, sans onction et surtout sans art.

J'en aurais bien long à dire sur ce chapitre. Je me bornerai à ce que je crois essentiel. J'ai consacré depuis plusieurs années toutes mes forces et toute mon activité à la propagation de l'orgue. Il y a des gens qui pensent et qui disent que c'est par esprit de spéculation ; je ne prendrai jamais la peine de les détromper; je mourrai aussi pauvre que quand je suis entré dans le monde, ce sera ma justification. Mon but, en cherchant à étendre le goût de l'orgue, à multiplier cet instrument dans les paroisses, était surtout d'établir l'usage de s'en servir pour l'accompagnement des voix, et j'ai la satisfaction d'avoir fait partager mes vues à un grand nombre d'ecclésiastiques. A présent, ces instruments existent dans beaucoup d'églises; il ne s'agit que d'y commencer l'enseignement du chant et de réunir autour du clavier des voix disciplinées.

Comme je n'ai pu entrer dans tous les presbytères et y exposer mes idées à ce sujet, je vais le faire ici, espérant que ma voix pénétrera dans quelques endroits où elle est inconnue.

Je dis d'abord que l'emploi naturel de l'orgue, c'est l'accompagnement des voix. En Allemagne, en Italie, en Angleterre, en Belgique, il remplit toujours cette fonction, et le chœur y est partout inséparable de l'instrument. Dans les vastes basiliques de l'Italie, on a des orgues que l'on roule et qui suivent le chœur dans les diverses chapelles où il se transporte pour chanter l'office. Dans ces églises tout s'exécute avec accompagnement, non-seulement les hymnes sacrées, mais encore le chant de l'officiant, les réponses du peuple, la Préface, etc. En France, l'orgue relégué au-dessus du grand portail, partage avec le chœur le soin de chanter les divins offices ; quelques voix isolées chantent *Kyrie eleison*, l'orgue répond par une fantaisie de la façon de l'artiste. Dieu sait quelle fantaisie ! Le Prêtre entonne l'hymne de Saint Ambroise, *Te Deum laudamus*, l'organiste continue par une réminiscence d'opéra à la mode : voilà le rôle que joue l'orgue en France. Ce tableau n'est pas partout le même ; il y a des exceptions, des organistes au style grave, austère, religieux, ceux-là je n'ai pas besoin de les nommer, on les connait et on les désigne à vingt lieues à la ronde, ils ont une qualification qui leur est propre, ils s'appellent *ennuyeux*, c'est chez nous un sobriquet fatal et qui finit par perdre celui qui le porte.

Quelles améliorations peut-on introduire à cet état de choses ? il est facile de les dire, plus facile encore de les mettre à exécution.

Partout, où l'on fait établir un orgue, il faut le placer au chœur, ou disposer la tribune de manière à recevoir les chanteurs autour de l'instrument.

Dans les églises où l'on possède déjà un orgue, on doit ou transporter le chœur à la tribune, ou acquérir un second orgue d'accompagnement. Enfin, il faut exiger des organistes ou qu'ils improvisent toujours des compositions d'un style grave, doux, religieux, souvent inspiré du plain-chant, ou bien qu'ils se bornent à lire et jouer la bonne musique des grands maîtres (1).

(1) Les œuvres de Rink, Neukom, Boely, Fetis, Benoît, Dieschl, contiennent des morceaux variés d'un très-bon style. La collection complète de S. Bach, qu'a publiée l'éditeur Launer, doit se trouver au moins chez tous les organistes de cathédrales. Mais je recommande très-particulièrement à tous ceux qui désirent développer en eux la faculté de l'improvisation, de lire, méditer, étudier, jouer, et relire sans cesse les compositions pour piano, de J. Haydn. Ces morceaux ne sont pas en général propres à l'orgue; mais il se rapprochent beaucoup du style qui convient à cet instrument. Or, aucun compositeur n'a su allier au même degré qu'Haydn, la fécondité à la correction, le goût au génie, la force à l'élégance; c'est, suivant moi, l'auteur le plus parfait, le génie le plus complet de la musique moderne.

Quiconque se destine à l'orgue et à l'improvisation, doit étudier spécialement et sans relâche les auteurs anciens pour le clavecin et le piano : les Bach, Haendel, Clémenti, Mozart, Beethoven, Hummel et Weber. Parmi les artistes contemporains, il n'y a absolument que H. Bertini qui, dans plusieurs de ses ouvrages, études, sextuors, nonetto, etc., ait su réunir des idées distinguées à un grand talent de style.

Pour traiter habilement le plain-chant, il faut surtout étudier les anciens maîtres, tels que Palestrina, Bach, le père Martini. — Toutes les publications récentes de plain-chant, avec accompagnement d'orgue, sont détestables.

Les orgues se sont extraordinairement multipliées en France depuis quelques années, et sans parler des *Poïkilorgue*, *Harmonium*, et autres instruments qui ont ambitieusement pris le nom d'orgue, il est certain qu'on en a construit ou réparé plus de quatre cents de 1834 à 1844; tandis que dans les dix années précédentes, il ne s'en était pas établi cinquante. De simples bourgades, des villages même, en ont enrichi leur église et le nombre s'en accroitrait bien plus encore, si on n'était partout arrêté par une difficulté qui parait insoluble, celle de se procurer un artiste pour toucher l'instrument. La charité des fidèles peut par un effort, une fois fait, réunir la somme nécessaire pour l'acquisition de l'orgue; mais on ne peut chaque année s'imposer les sacrifices indispensables pour entretenir un artiste. Dans les villes, les organistes s'adonnent à l'enseignement du piano et de la musique et ajoutent ainsi à leur très-modique traitement, un revenu suffisant pour exister. Dans les villages et bourgades, il n'y a pas de leçons de musique à donner et par suite, pas d'existence possible pour un artiste. Quel est donc le moyen à employer pour se procurer un organiste en même temps qu'un orgue? Adoptera-t-on ce mécanisme dont on a fait grand bruit, inventé par M. l'abbé Cabias, perfectionné sous le nom de *Milacor*, et qu'on annonce comme devant suppléer au manque d'organistes ? Non, sans doute, les gens de goût et de bon sens repousseront toujours de tels procédés qui sont en définitive assez coûteux et dont une monotonie insupportable est le moindre défaut. Me croira-t-on si je dis qu'il est partout facile de former un organiste convenable ? Telle est cependant ma conviction, et je ne désespère pas de la faire partager à mes lecteurs.

Il existe dans chaque cathédrale une maîtrise ou au moins une école ou externat d'enfants de chœurs; ces institutions sont en général fort négligées, et il conviendrait d'abord d'y mettre en pratique les conseils que j'ai donnés plus haut, pour la direction des cours de chant. Toutefois, ces écoles existent, on y apprend la musique vocale; quand les élèves en sortent, ils savent chanter. Ce n'est pas un état d'être chanteur, à moins qu'on ne se fasse chantre d'église, ou qu'on ne devienne acteur dans les théâtres lyriques. Aussi, les anciens élèves des maîtrises, sont-ils en général embarrassés de l'éducation musicale qu'ils ont reçue. J'imagine, au contraire, que le but spécial des maîtrises soit de former des organistes; voilà tout de suite cent écoles ouvertes en France, à cet enseignement. Il en devrait être ainsi, et de plus, il faudrait apprendre aux enfants des maitrises, autre chose que les éléments du piano, de l'orgue, du plain-chant, de la composition ; il faudrait leur donner une profession indépendante, soit un état manuel, soit l'instruction nécessaire pour devenir ensuite maitres d'écoles. Le talent d'organiste ajouté à l'exercice d'un état, donnerait à chaque paroisse un artiste qui se contenterait du plus modique appointement et qui quitterait son travail le dimanche pour venir remplir à l'église ses fonctions. Si, maintenant, chacune des paroisses qui a le projet d'acquérir un orgue, faisait choix dans la localité même d'un enfant intelligent et le plaçait dans la maitrise du diocèse, organisée sur les bases que j'indique, après un séjour assez court, cet enfant reviendrait dans sa famille, formé aux éléments de l'orgue, et quelque fût sa médiocrité, il ferait toujours bien mieux que ces machines et procédés si vantés, *Milacors* ou autres, que je rougis pour mon pays de voir accueillir dans quelques endroits. Ce projet n'est pas une utopie, il est réalisable partout, et il fournirait aux paroisses, non-seulement les ressources pour faire toucher leurs orgues, mais encore pour former des chœurs, améliorer le chant, propager l'instruction musicale. Les écoles normales primaires, les congrégations religieuses, vouées à l'éducation de l'enfance, pourraient aussi faire étudier l'orgue à quelques-uns de leurs membres. Pour les maîtres sortis des écoles normales, ce serait un moyen, l'unique peut-être, d'ajouter au traitement insuffisant qu'ils reçoivent des communes, un subside indispensable. Pour les membres des congrégations religieuses, ce serait une occasion remarquable de contribuer à la gloire de Dieu, à la splendeur de son culte.

Pour former à l'orgue les enfants des maîtrises, il suffit d'ajouter à l'étude du solfège et du plain-chant, celle du piano ; et aussitôt que les élèves sont en état d'exécuter des morceaux faciles, on doit leur apprendre les éléments de l'harmonie, les exercer à la pratique des accords sur le clavier, et à l'accompagnement du plain-chant ; en moins de six mois, on peut amener un enfant quelque peu studieux à toucher convenablement l'orgue à l'office. La direction musicale de la maîtrise doit être remise à l'organiste ; et en général, dans les fabriques, on opérerait avec économie, des améliorations importantes, si, en supprimant les serpens ou ophycléïdes, les maîtres de chœurs, etc., on se bornait à avoir un organiste accompagnateur chargé d'apprendre la musique aux enfants, de diriger les cours, les répétitions et l'exécution du chant. Ces divers emplois réunis sur la tête de l'organiste, rendraient sa position meilleure et l'obligeraient à se consacrer entièrement à la musique sacrée.

J'ai rempli la tâche que je m'étais imposée dans cet opuscule, savoir : d'énumérer *les obstacles* qui s'opposent à la restauration du chant religieux, d'indiquer les principaux *moyens* de remédier à cet état de choses. Un tel sujet comporterait un gros livre par les détails qu'il embrasse, mais aujourd'hui on ne lit pas les gros livres et il y a peu de gens qui sachent en faire. J'ai cru qu'il suffirait d'exposer succinctement mes idées pour appeler sur elles l'attention des hommes éclairés.

Si les moyens que j'indique et d'autres encore ne sont pas mis incessamment en œuvre ; si on ne s'efforce pas de rapprendre aux fidèles les anciennes mélodies de l'église qu'ils ont oubliées ; si on ne se rallie pas autour d'un chant et d'une liturgie uniforme, si enfin, on laisse grandir les petits enfants sans délier leur langue par le chant des louanges du Seigneur, dans cinquante ans, et avant, on ne chantera plus dans nos églises ; alors, les impies voyant nos temples muets, notre culte éteint, diront avec plus de confiance qu'à présent, que le Catholicisme expire.

Aujourd'hui, l'enseignement du chant dans les Séminaires est dérisoire; la Congrégation de St-Sulpice, en particulier, paraît affecter de n'y porter aucun intérêt ; on envoie dans nos paroisses des prêtres formés à la piété, à la vertu, aux sciences théologiques, mais qui, en revanche, semblent avoir été avertis qu'ils assisteront à la ruine du culte extérieur, et habitués à regarder d'un œil sec un tel désastre ; leurs églises sont désertes, ils en accusent l'indifférence des esprits de ce temps ; les fidèles ne chantent plus aux offices, on en conclut que le goût du chant n'existe pas en France ; les artistes adressent de respectueuses représentations sur cet état de choses, on dit, en les lisant, que ce sont des paroles d'artistes, c'est-à-dire, des paroles exagérées ; puis, on se rendort dans son insouciance passée. Chaque jour, pourtant, on est réveillé par quelque embarras nouveau ; un chantre se retire, on ne peut le remplacer ; un autre exige de l'augmentation, on la lui accorde vite de peur de le perdre, on subit la loi de ces gens-là, parce qu'on sent bien que s'ils venaient à manquer, on ne saurait pas soi-même entonner les hymnes de l'Église et que, le sût-on, on serait seul à les chanter. J'ai peut-être tort de dire ces vérités, mais pourquoi les tairais-je à des hommes qui n'ont d'autre desir que le bien de l'humanité, d'autre mobile que leur foi, d'autre zèle que celui de la gloire de Dieu !

Je l'ai dit en commençant, j'espère que l'enthousiasme qui a surgi tout-à-coup pour l'architecture du Moyen-Age, s'étendra aussi au chant ecclésiastique ; c'est mon vœu le plus ardent, le but de mes faibles efforts, et je conjure ici tous les hommes religieux de se réunir, de s'entendre, de s'associer pour fonder des cours de chant, remettre en lumière les antiques mélodies de l'église, rétablir le faux-bourdon, réorganiser les maîtrises, propager l'orgue d'accompagnement, en un mot, mettre en pratique les idées que je viens d'exprimer et dont je garantis le succès.

BIBLIOTHEQUE ROYALE

Si l'auteur de cet opuscule trouvait en France quelque sympathie pour ses vues, quelque écho pour ses paroles, il entreprendrait, sous le titre de *Revue de la Musique religieuse*, une petite publication mensuelle exclusivement consacrée aux questions agitées ici, et à d'autres qui s'y rattachent. Il attendra, pour commencer ce travail, qu'un certain nombre d'adhésions lui aient montré son utilité et l'intérêt qu'il exciterait.

BORDEAUX, IMPRIMERIE DE TH. LAFARGUE.

www.ingramcontent.com/pod-product-compliance
Ingram Content Group UK Ltd.
Pitfield, Milton Keynes, MK11 3LW, UK
UKHW022104170726
13837UKWH00003B/1066

9 782329 213651